Name: _____

Jesus loves me!

Jesus loves my eyes

Jesus loves my ears

Jesus loves my mouth

Jesus loves my nose

Jesus loves my hands

Jesus loves my fingers

Jesus loves my feet

Jesus loves my toes

Jesus loves my tummy

Jesus loves my back

Jesus loves my arms

Jesus loves my legs

Jesus loves Mommy

Jesus loves Daddy

Jesus loves my family

Jesus loves puppies

Jesus loves kittens

Jesus loves bunnies

Jesus loves birds

Jesus loves caterpillars

Jesus loves ladybugs

Jesus loves butterflies

Jesus loves turtles

Jesus loves frogs

Jesus loves fish

Jesus loves whales

Jesus loves horses

Jesus loves cows

Jesus loves pigs

Jesus loves chickens

Jesus loves ducks

Jesus loves flowers

Jesus loves trees

Jesus loves the world

Jesus loves _____

Jesus loves _____

Jesus loves ------------------------------------

Jesus loves _____

Jesus loves ------

Jesus loves

Jesus loves _____

Jesus loves _____

Jesus loves

Jesus loves

Jesus loves ------

Jesus loves ------------------------------------

Jesus loves _____

Jesus loves

Jesus loves --

Jesus loves _____

Jesus loves

Made in United States
Cleveland, OH
31 July 2025